AF391049

Exemplaire de Barre

Vente du Jeudi 31 Octobre 1872

HOTEL DROUOT, SALLE N° 3

OBJETS D'ART

ET

D'AMEUBLEMENT

EXPOSITION PUBLIQUE

LE MERCREDI 30 OCTOBRE 1872

Mᵉ CHARLES OUDART, COMMISSAIRE-PRISEUR

M. ÉMILE BARRE, EXPERT

Exemplaire de Barre

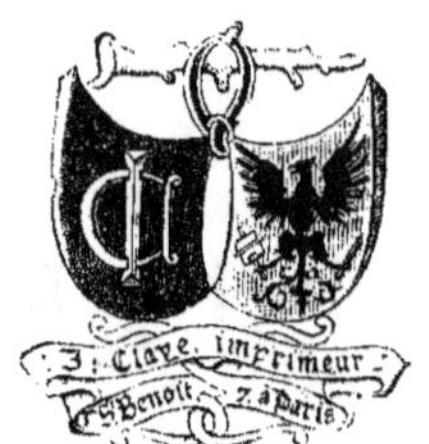
J. Claye, imprimeur
rue Benoît, 7, à Paris

CONDITIONS DE LA VENTE

Elle sera faite au comptant.

Les acquéreurs payeront, en sus de leur prix d'adjudication, *cinq centimes par franc*, applicables aux frais.

Le Catalogue n'est fait qu'à titre de renseignement; les énonciations qu'il renferme ne peuvent jamais être considérées comme des garanties.

L'Exposition mettant les adjudicataires à même de se rendre compte de la nature et de l'état des objets, il ne sera admis aucune réclamation une fois l'adjudication prononcée.

CATALOGUE

DES

OBJETS D'ART

ET

D'AMEUBLEMENT

BEAUX MEUBLES ANCIENS
DES EPOQUES LOUIS XIV, LOUIS XV ET LOUIS XVI
BELLES GLACES LOUIS XIII
MEUBLES ITALIENS, MEUBLES EN MARQUETERIE DE BOULE
PENDULES LOUIS XV ET LOUIS XVI
FLAMBEAUX, CHENETS, OBJETS EN ARGENT, TAPISSERIES
PORCELAINES DE CHINE ET DU JAPON
ANCIENNES FAIENCES, TABLEAUX, GRAVURES, PASTELS
OBJETS DIVERS

DONT LA VENTE AURA LIEU

PAR SUITE DU DÉCÈS DE MME DE L...

HOTEL DROUOT, SALLE N° 3

Le Jeudi 31 Octobre 1872

A DEUX HEURES

PAR LE MINISTERE DE Me CHARLES OUDART, COMMISSAIRE-PRISEUR
31, rue Le Peletier

ASSISTE DE M. EMILE BARRE, EXPERT
29, Chaussée-d'Antin

Chez lesquels se délivre le présent Catalogue

EXPOSITION PUBLIQUE

LE MERCREDI 30 OCTOBRE 1872

DÉSIGNATION

OBJETS D'AMEUBLEMENT

1. — Très-beau lit en marqueterie de Boule, orné
de bronzes dorés.

2. — Table de nuit en marqueterie de Boule, ornée
de bronzes dorés.

3. — Grand et beau meuble dressoir en noyer, chène
et bois des îles, orné de cariatides et de
panneaux en bois sculpté.

4. — Buffet en chène sculpté, à portes-vitres.

5. — Meuble d'entre-deux en marqueterie de Boule.

6. — Bureau de dame, époque *Louis XV*, en bois des
îles, orné de bronzes.

7. — Petit bureau de dame en bois de rose, orné de
bronzes et de marqueterie.

8. — Toilette *Louis XV* en bois des îles marqueté.

9. — Petit chiffonnier *Louis XV* en bois des îles,
orné de bronzes.

10. — Commode *Louis XVI*.

11. — Petite commode *Louis XVI* en bois des îles.

12. — Bonheur du jour en bois de citronnier, époque *Louis XVI*.

13. — Meuble étagère en ébène, avec ornements en ivoire.

14. — Table italienne en ébène, incrustée d'ivoire.

15. Table à jeu en palissandre, ornée de plaques en porcelaine et en bronze.

16. — Petite étagère marqueterie.

17. — Petite table de milieu, *Louis XV*, en bois rose, ornée de bronzes.

18. — Petite table à ouvrage, époque *Louis XVI*.

19. — Six chaises *Louis XVI* en acajou sculpté.

20. — Douze chaises cannées en chêne sculpté.

21. — Une table à rallonges.

22. — Console *Louis XVI*.

23. — Deux petites tables en chêne sculpté.

24. — Découpoir en chêne sculpté.

25. — Deux chaises chêne sculpté et tapisserie.

26. — Petite encoignure bois rose.

27. — Deux consoles *Louis XV*.

28. — Chaise en chêne sculpté et tapisserie.

29. — Cabinet portugais.

30-31. Deux consoles acajou *Louis XVI*.

32. — Glace *Louis XVI*, cadre en bois sculpté.

33. — Très-belle glace *Louis XIV*, en bois sculpté et
doré.

34 à 36. Trois très-belles glaces *Louis XIII* avec ornements en cuivre repoussé.

PENDULES ET BRONZES

37. — Sonnette en bronze (style Renaissance).

38. — Pendule en bronze *Louis XVI*.

39. — Pendule *Louis XV*, marqueterie d'écaille en
cuivre.

40. — Pendule en *terre cuite* avec sujet représentant
Danaé; signé MARIN.

41. — Deux flambeaux en bronze *Louis XIII*.

42. — Paire de flambeaux, bronze doré, formés par
des enfants.

43. — Miroir à main, en bronze argenté.

44. — Deux appliques *Louis XV*, bronze doré.

45. — Deux chenets en bronze *Louis XVI*.

46. — Deux brûle-parfums en bronze *Tonkin*.

47. — Paire d'appliques rocaille en bronze doré.

48. — Galerie de foyer en bronze doré.

ARGENTERIE

49. — Moutardier.

50-51. Quatre salières.

52. — Sucrier cristal et argent.

53. — Huilier.

54-55. Deux chopes.

PORCELAINES ET FAÏENCES

56. — Deux petits cornets en porcelaine de *Chine*,
faïence verte.

57. — Deux petites aiguières en porcelaine de *Chine*,
décor de la faïence verte.

58. — Deux potiches *Japon*, décor de couleur.

59. — Coupe *Japon*, montée en bronze doré.

60. — Deux grands et beaux vases *Japon*, montés en bronze doré.

61. — Deux grands plats *Delft*.

62. — Encrier faïence de *Rouen*.

63. — Deux plats *Delft*.

64. — Trois jardinières en *Strasbourg*.

65. — Deux vases, imitation de Palissy.

66. — Deux plats *Delft*.

67. — Deux assiettes à la *corne*.

68. — Petit service en faïence de *Rübell*.

69. — Homard en faïence.

70. — Bol *Japon*.

71. — Deux potiches *Japon*.

72. — Vase en *faïence italienne*.

73. — Deux vases en *faïence française*.

74. — Statuette en *Saxe*.

75. — Deux petites coupes.

76 — Deux petits vases en porcelaine de *Chine*,
montés en bronze.

77. — Deux cornets en vieux *Chine*.

78. — Trois sucriers porcelaine de *Chine*.

79. — Deux cornets en vieux *Chine*.

80. — Trois tasses *Chine*.

81. — Deux groupes *Saxe*.

82. — Bol *Chine*, monté en bronze.

83. — Cornet *Chine*, monté en bronze.

84. — Deux cornets *Japon*, montés en bronze.

TABLEAUX ET PASTELS

MONNIER (H.)

85. — Femme bretonne.

ÉCOLE FRANÇAISE.

86. — Nature morte.

ÉCOLE FRANÇAISE

87. — Le Mouton chéri.

ÉCOLE FLAMANDE.

88. — L'Adoration des bergers.

FONTALARD.

89. — Baigneuses.

F*** ISSET.

90. — Après le bain.

VAN LOO (d'après).

91. — La Musique.

VAN LOO (d'après).

92. — La Peinture.

---

93. — Le Baiser ; pastel.

94. — Nymphes au bain : pastel.

95. — Portrait de dame ; pastel.

96. — Odalisque ; pastel.

97. — Deux pastels (portraits de dames) : cadres sculptés.

98. — Quatre gravures en couleur, d'après *Boucher*.

99. — Deux gravures anglaises.

OBJETS DIVERS

100. — Boîte à cachemire, bois rose orné de bronzes.

101. — Coffre en marqueterie de *Boule*, orné de bronzes.

102. — Petit cendrier en verre de Bohême.

103. — Verre de Bohême.

104. — Christ en ivoire dans une niche, bordure en bois sculpté, époque *Louis XIV*.

105. — Petit reliquaire, époque *Louis XIII*, orné de coraux et émaillé.

106. — Deux tabatières.

107. — Coffret orné de bronzes à jour.

108. — Coffre bois rose orné de plaques en porcelaine

109. — Coupe en onyx.

Série de *tapisseries* anciennes des Gobelins et autres fabriques.

PARIS. — J. CLAYE, IMPRIMEUR, 7, RUE SAINT-BENOIT — 1878.